AF202484

Zuversicht und Glück

Besinnliche Gedanken
von Antoine de Saint-Exupéry

Zuversicht und Glück

Besinnliche Gedanken
von Antoine de Saint-Exupéry

Karl **Rauch**

Der Mensch glaubt, dass etwas dem einen gestohlen sei, was dem anderen geschenkt werde. Hierzu sind wir durch die Missachtung Gottes und den Gebrauch der Waren erzogen worden. Was du aber in Wirklichkeit gibst, macht dich nicht ärmer, sondern vermehrt im Gegenteil die Schätze, die du austeilen kannst.

Die Stadt in der Wüste

Verwechsle nicht die Liebe mit dem Rausch des Besitzes, der die schlimmsten Leiden mit sich bringt. Denn du leidest nicht unter der Liebe, wie die Leute meinen, sondern unter dem Besitztrieb, der das Gegenteil der Liebe ist. *(…)* Kaum wird euch die Liebe gewährt. so verwandelt ihr auch dieses freie Geschenk wie bei euren unechten Freundschaften in Knechtschaft und Versklavung.

Die Stadt in der Wüste

*D*u musst mit dem Opfer beginnen, um die Liebe zu gründen. Dann mag die Liebe andere Opfer erbitten und sie für alle Siege einsetzen. Der Mensch muss immer den ersten Schritt tun. Er muss *entstehen,* bevor er *besteht.*

Flug nach Arras

*D*er kleinste Tropfen lockt aus dem Sand den grünen Funken eines Grashalms.

Wind, Sand und Sterne

*D*ie wahre Freude ist die Freude am andern.

Bekenntnis einer Freundschaft

*D*er Geschmack des geteilten Brotes hat nicht seinesgleichen.

Flug nach Arras

*W*enn ein Zufall die Liebe erweckt, ordnet sich im Menschen alles nach dieser Liebe, und die Liebe bringt ihm das Gefühl für die Weite …

So geschieht es auch mit der Musik, wenn sie schön ist …

Das Erhabene bringt das Gefühl für die Weite.

Nichts von dem, was für den Menschen wichtig ist, ist zählbar oder messbar.

Die wirkliche Weite ist nicht für das Auge, sie wird nur dem Geist offenbart.

Flug nach Arras

*E*in Lächeln ist oft das Wesentliche. Man wird mit einem Lächeln bezahlt. Man wird mit einem Lächeln belohnt. Man wird durch ein Lächeln belebt.

Bekenntnis einer Freundschaft

*D*ie Arme der Liebe halten dich gut, sie halten deine Gegenwart, deine Vergangenheit und deine Zukunft, die Arme der Liebe umfassen dich ganz.

Südkurier

*M*an sieht nur mit dem Herzen gut. Das Wesentliche ist für die Augen unsichtbar.

Der kleine Prinz

*D*a der kleine Prinz einschlief, nahm ich ihn in meine Arme und machte mich wieder auf den Weg. Ich war bewegt. Mir war, als trüge ich ein zerbrechliches Kleinod. Es schien mir sogar, als gäbe es nichts Zerbrechlicheres auf der Erde. Ich betrachtete im Mondlicht diese blasse Stirn, diese geschlossenen Augen, diese im Wind zitternde Haarsträhne, und ich sagte mir: »Was ich da sehe, ist nur eine Hülle. Das Eigentliche ist unsichtbar …«

Der kleine Prinz

Wenn ein Mensch in seiner Dachkammer ein Verlangen hegt, das stark genug ist, setzt er von seiner Dachkammer aus die Welt in Brand.

Blutendes Spanien

Ich erkenne die Freundschaft daran, dass sie sich nicht enttäuschen lässt, und ich erkenne die wahre Liebe daran, dass sie nicht gekränkt werden kann.

Stadt in der Wüste

Man lernt schreiben, singen, richtig reden, sich bewegen, aber niemals denken. Man lässt sich durch Worte leiten, und die führen sogar die Gefühle hinters Licht (…) Mir ist aufgefallen, dass die Menschen, wenn sie reden oder schreiben, plötzlich aufhören zu denken und künstliche Schlussfolgerungen anstellen. Sie verwenden Worte wie eine Rechenmaschine, aus denen eine Wahrheit hervorgehen soll. Das ist idiotisch. Es kommt nicht darauf an zu lernen, wie man Schlüsse zieht, sondern wie man keine Schlüsse mehr zieht.

Briefe an seine Mutter

*A*us einer Sternenmasse ist das Leben entstanden. Nach und nach stiegen wir auf, bis wir Kantaten schreiben und Nebelflecken abschätzen konnten. Und der Zeugmeister weiß *(…)*, dass die Genese noch nicht vollendet ist und dass er seinen Aufstieg fortsetzen muss. Das Leben strebt der Bewusstwerdung zu. Die Sternenmasse nährt ihre schönste Blume und bildet sie langsam heran.

Frieden oder Krieg?

*T*reue ist vor allem Treue zu sich selbst.

Die Stadt in der Wüste

*D*eine Seele nährt sich vom Sinn der Dinge, nicht von den Dingen selbst.

Die Stadt in der Wüste

*W*as brauchen wir, um für das Leben geboren zu werden? Hingabe.

Frieden oder Krieg?

*D*en Freund kennzeichnet es vor allem, dass er nicht richtet.

Die Stadt in der Wüste

*T*ugend ist die Vollkommenheit im Zustand des Menschen und nicht ein Mangel an Fehlern.

Die Stadt in der Wüste

*W*ir haben ständig die Gleichheit der Menschen gepredigt. Da wir aber den Menschen vergessen haben, haben wir nichts mehr von dem verstanden, wovon wir sprachen.

Flug nach Arras

*I*ch kenne nur eine Freiheit, und das ist die Übung der Seele *(…)*, der Seele mit ihren Wettern, ihren Bergen, ihren Einöden des Schweigens, ihren Schneeschmelzen, ihren Blumenhängen, ihren schlafenden Wassern: All das ist eine unsichtbare und erhabene Bürgschaft.

Die Stadt in der Wüste

*D*u musst geben, bevor du nimmst – und bauen, bevor du wohnst.

Flug nach Arras

In diesem Augenblick erschien der Fuchs.

»Guten Tag«, sagte der Fuchs.

»Guten Tag«, antwortete höflich der kleine Prinz, der sich umdrehte, aber nichts sah.

»Ich bin da«, sagte die Stimme, »unter dem Apfelbaum …«

»Wer bist du?«, sagte der kleine Prinz. »Du bist sehr hübsch …«

»Ich bin ein Fuchs«, sagte der Fuchs.

»Komm und spiel mit mir«, schlug ihm der kleine Prinz vor. »Ich bin so traurig …«

»Ich kann nicht mit dir spielen«, sagte der Fuchs.

»Ich bin noch nicht gezähmt!«

»Ah, Verzeihung!«, sagte der kleine Prinz.

Aber nach einiger Überlegung fügte er hinzu: »Was bedeutet ›zähmen‹?«

(…)

»Zähmen, das ist eine in Vergessenheit geratene Sache«, sagte der Fuchs. »Es bedeutet, sich ›vertraut machen‹.«

»Vertraut machen?«

»Gewiss«, sagte der Fuchs. »Noch bist du für mich nichts als ein kleiner Junge, der hunderttausend kleinen Jungen völlig gleicht. Ich brauche dich nicht und du brauchst mich ebenso wenig. Ich bin für dich nur ein Fuchs, der hunderttausend Füchsen gleicht. Aber wenn du mich zähmst, werden wir einander brauchen. Du wirst für mich einzig sein in der Welt. Ich werde für dich einzig sein in der Welt …«

»Ich beginne zu verstehen«, sagte der kleine Prinz.

»Es gibt eine Blume … ich glaube, sie hat mich gezähmt …«

Der kleine Prinz

*D*ie Dinge bewahren ihre äußere Erscheinung, aber was ist eine Perle oder ein Diamant, wenn sie niemand begehrt? Sie haben den gleichen Wert wie geschliffenes Glas.

Die Stadt in der Wüste

Der eine Mensch ist im Frieden glücklich, der andere im Kriege, der eine wünscht sich die Einsamkeit, die ihn beflügelt, der andere bedarf eines festlichen Gewimmels, um sich zu begeistern; der eine sucht seine Freude in den Überlegungen der Wissenschaft, die auf die gestellten Fragen eine Antwort gibt; der andere findet seine Freude in Gott, vor dem keine Frage mehr einen Sinn hat. Wenn ich das Glück umschreiben wollte, würde ich vielleicht sagen, es bestehe für den Schmied im Schmieden, für den Seemann in der Seefahrt, für den Reichen in der Mehrung seines Reichtums – und so hätte ich nichts gesagt, was dir etwas Neues mitteilte. Und im Übrigen bestünde das Glück für den Reichen zuweilen in der Seefahrt, für den Schmied in der Mehrung seines Reichtums und für den Seemann im Nichtstun. So entschlüpft dir dieses Hirngespinst ohne Inhalt, das du vergebens zu greifen suchst. Wenn du das Wort Glück begreifen willst, musst du es als Lohn und nicht als Ziel verstehen, denn sonst hat es keine Bedeutung.

Die Stadt in der Wüste

Tatsächlich besteht die Größe meiner Zivilisation darin, dass hundert Bergleute sich in ihr dazu verpflichtet fühlen, ihr Leben für die Rettung eines einzigen verschütteten Bergmanns zu wagen. Sie retten den Menschen.

Flug nach Arras

*E*s leuchtet nun wohl ein, dass mir nicht daran gelegen ist, den Menschen zu einem Wesen zu machen, das erzeugt und verbraucht, und so den Wert seiner Liebesregungen, den Wert seiner Kenntnisse, die Wärme seiner Freuden dem Wachsen seines Bauchumfanges unterzuordnen; trotzdem trachte ich, ihm so viel wie möglich zukommen zu lassen, ohne dass darin ein Widerspruch oder eine Ausflucht enthalten wäre …

Die Stadt in der Wüste

Wenn du kämpfst, gegen was immer es sei, musst du dich selbst vernichten, denn ein Teil davon steckt in dir selbst, mag er auch noch so gering sein.

Die Stadt in der Wüste

Die Zukunft soll man nicht voraussehen wollen, sondern möglich machen.

Die Stadt in der Wüste

Will man geistreich sein, dann kommt es vor, dass man ein bisschen aufschneidet.

Der kleine Prinz

Man kann es kaum begreifen und weiß nicht recht, wieso der Wanderer Mensch die Gärten, die ihm die Natur bereitet hat, mit solcher Unbefangenheit bewohnt. Sie sind ja nur für so kurze Zeit bewohnbar, für ein Zeitalter der Erdgeschichte, für einen glücklichen Tag.

Wind, Sand und Sterne

*G*ebt uns, sagen vor allem die Menschen, gebt uns die Ewigkeit wieder. Wir sind derart erstarrt durch diese Entdeckung des Willkürlichen, ... des Tanzes, der nichts als ein Spiel ist ... Gebt uns unsere Ehrfurcht zurück, sei es auch nur die Ehrfurcht vor den Familienfesten, den Jahrestagen, den Vaterländern, dem Ölbaum, den ich gepflanzt habe und den mein Sohn pflegen wird; gebt uns zurück, was wir sind und was über uns hinaus von Dauer ist. Vergönnt uns, einen vergänglichen Leib in Edelsteine zu wandeln.

Carnets

Wie wenig Lärm machen die wirklichen Wunder! Wie einfach sind die wesentlichen Ereignisse.

Bekenntnis einer Freundschaft

Da macht man ein Päckchen aus zärtlichen Briefen. Man fügt ein paar Andenken dazu. Man knüpft alles sorgfältig zusammen. Und anfangs entströmt solchen Reliquien ein melancholischer Zauber. Dann geht eine Blonde mit blauen Augen vorbei, und die Reliquie stirbt.

Bekenntnis einer Freundschaft

Das Leben ist der Prozess, der die unwahrscheinlichsten Zustände verwirklicht.

Carnets

Wir zählen auch die zu den Unsrigen, die anders sind als wir. Aber welch merkwürdige Verwandtschaft! Sie gründet sich auf das Künftige, nicht auf das Vergangene. Auf das Endziel, nicht auf den Ausgangspunkt. Wir sind einer für den andern Pilger, die auf verschiedenen Wegen einem gemeinsamen Treffpunkt zuwandern.

Bekenntnis einer Freundschaft

In dieser Stunde fanden wir uns. Man geht so lange Zeit nebeneinanderher, jeder in seinem Schweigen befangen, oder man wechselt Worte, denen man nichts mitgibt.

Da kommt die Stunde der Gefahr, man sucht Schulterfühlung und entdeckt, dass man zusammengehört.

Diese Entdeckung anderer bewusster Wesenheiten weitet den Menschen.

Man sieht sich an mit lächelndem Verstehen. Es ist einem zumute wie dem befreiten Gefangenen, der staunend die Unendlichkeit des Meeres erkennt.

Wind, Sand und Sterne

Die Vergangenheit ist unwiederbring-lich, aber die Gegenwart ist euch überantwortet, und sie gleicht den ungeord-neten Bausteinen, die zu Füßen eines stüm-perhaften Baumeisters liegen: An euch ist es, daraus die Zukunft zu gestalten.

Die Stadt in der Wüste

Der ist reicher, der sich das Jahr über im Felsgestein abmüht und einmal im Jahr die Frucht seiner Arbeit verbrennt, um daraus den Glanz des Lichts zu gewinnen, als der, der alle Tage Früchte empfängt, die anderswoher stammen und ihm nichts abforderten.

Die Stadt in der Wüste

Sollte ich unter meinen Erinnerungen die namhaft machen, die ihren kräftigen Geschmack behalten haben, sollte ich die Summe der Stunden ziehen, die in meinem Leben zählen, so finde ich gewiss nur solche, die mir kein Vermögen der Welt je verschafft hätte.

Wind, Sand und Sterne

Wenn ich auch anders bin als du, so bin ich doch weit davon entfernt, dich zu beeinträchtigen; ich steigere dich vielmehr.

Bekenntnis einer Freundschaft

Weder Intelligenz noch Urteilsvermögen sind schöpferisch. Wenn der Bildhauer nur Wissenschaft und Intelligenz ist, werden seine Hände nicht schöpferisch sein.

Flug nach Arras

Der kleine Prinz durchquerte die Wüste und begegnete nur einer Blume mit drei Blütenblättern, einer ganz armseligen Blume … »Guten Tag«, sagte der kleine Prinz. »Guten Tag«, sagte die Blume. »Wo sind die Menschen?«, fragte höflich der kleine Prinz. Die Blume hatte eines Tages eine Karawane vorüberziehen sehen. »Die Menschen? Es gibt, glaube ich, sechs oder sieben. Ich habe sie vor Jahren gesehen. Aber man weiß nie, wo sie zu finden sind. Der Wind verweht sie. Es fehlen ihnen die Wurzeln, das ist sehr übel für sie.«

Der kleine Prinz

Es ist leicht, die Ordnung einer Gesellschaft auf die Unterwerfung jedes Einzelnen unter feststehende Regeln zu gründen. Es ist leicht, einen Menschen zu formen, der blind und ohne Widerspruch sich einem Meister oder einer Heilslehre unterordnet. Doch das Gelingen, das darin besteht, den Menschen zu befreien, um ihn über sich selbst herrschen zu lassen, ist viel höher zu bewerten.

Flug nach Arras

Die Tätigkeit, die den Fortschritt bewirkt, besteht nicht im Ausdenken einer künftigen Welt. (...) Die künftige Welt entzieht sich der Analyse. Der Mensch schreitet dadurch fort, dass er sich eine Sprache formt, um die Welt seiner Zeit zu denken. Newton hat nicht die Entdeckung der Röntgenstrahlen dadurch vorbereitet, dass er die Röntgenstrahlen voraussah. Newton hat eine einfache Sprache geschaffen, um damit die ihm bekannten Phänomene zu beschreiben. Und so sind aus Erfindung über Erfindung die Röntgenstrahlen hervorgegangen. Jedes andere Vorgehen ist Utopie.

Frieden oder Krieg?

Wer wird denn der Zeder Vorwürfe machen, weil sie erst nur ein Samenkorn oder ein schief gewachsenes Stämmchen ist? Lass sie nur gewähren. Aus Irrtum über Irrtum wird der Zedernwald emporwachsen, der dann an den Tagen des großen Windes den Weihrauch seiner Vögel ausstreut.

Die Stadt in der Wüste

Eine Zivilisation bildet sich zuerst im Kern. Sie ist im Menschen zuerst das blinde Verlangen nach einer gewissen Wärme. Von Irrtum zu Irrtum findet der Mensch den Weg zum Feuer.

Bekenntnis einer Freundschaft

Denn es ist nicht wichtig, dass man sich erhaben vorkommt. Bei einer Niederlage besteht keine Hoffnung, sich erhaben zu fühlen. Wichtig ist, dass man sich umkleidet, an Bord geht und startet.

Flug nach Arras

So wie die Freiheit nicht Zügellosigkeit ist, ist auch die Ordnung nicht Mangel an Freiheit.

Die Stadt in der Wüste

Es lügt der Dichter, der dir Tag und Nacht von der Trunkenheit des Gedichts erzählt. Es kommt vor, dass er an Leibschmerzen leidet und ihm dann alle Gedichte gleichgültig sind.

Es lügt der Liebende, der dir vorgibt, dass Tag und Nacht das Bild seiner Geliebten in ihm wohne. Ein Floh lenkt ihn davon ab, denn der Floh sticht. Oder auch nur die Langeweile, denn dann gähnt er.

Es lügt der Reisende, der dir vorgibt, dass er Tag und Nacht von seinen Entdeckungen trunken sei, denn wenn der Wellengang zu groß ist, wird er speien.

(...)

Es lügen alle, die Tag und Nacht ihren Toten beweinen. Warum sollten sie ihn Tag und Nacht beweinen, da sie ihn nicht bei

Tag und Nacht geliebt haben? Sie kannten die Stunden des Haderns oder der Müdigkeit oder der Zerstreuungen abseits der Liebe. Und gewiss ist der Tote gegenwärtiger als der Lebende, da er abseits der Streitigkeiten betrachtet wird und zu einer Einheit geworden ist. Du aber bist ungetreu, selbst deinen Toten.

Es lügen alle, die ihre Stunden der Dürre ableugnen, denn sie haben nichts begriffen. Und sie lassen dich an dir selber zweifeln, denn wenn du hörst, wie sie ihre Inbrunst beteuern, glaubst du an deren Beständigkeit, und so errötest du selber nun über deine Dürre und veränderst Stimme und Gesicht, wenn du um jemanden trauerst, sobald man dich anschaut.

Ich aber weiß, dass nur die Langeweile dich beständig zu begleiten vermag. Sie rührt von der Schwäche deines Geistes her, da du kein Gesicht durch seine Bestandteile hindurch lesen kannst. So ist es mit einem, der die Vorrichtungen des Schachspiels betrachtet, ohne zu ahnen, dass ein Problem darin steckt. Doch wenn dir von Zeit zu Zeit als Belohnung für die Treue, die du in der Verpuppung bewahrst, die Sekunde der Erleuchtung zuteilwird, wie sie der Wachtposten oder der Dichter oder der Gläubige oder der Liebende oder der Reisende erfährt, so klage nicht darüber, dass du nicht ständig das Gesicht, das begeistert, vor Augen hast. Denn es gibt deren so brennende, dass sie den verzehren, der sie anschaut. Das Fest ist nicht für alle Tage bestimmt.

Die Stadt in der Wüste

*D*ie Verschollenen gewinnen in der Erinnerung. Man kleidet sie für immer in ihr hellstes Lachen.

Flug nach Arras

*M*itnichten ist der Baum zuerst Same, dann Spross, dann biegsamer Stamm, dann dürres Holz. Man darf ihn nicht zerlegen, wenn man ihn kennenlernen will. Der Baum ist jene Macht, die sich langsam dem Himmel vermählt. – So steht es mit dir, du kleiner Mensch. Gott lässt dich geboren werden und aufwachsen, er erfüllt dich nacheinander mit Wünschen und Klagen, mit Freuden und Leiden, mit Zorn und Vergebung; dann nimmt er dich heim zu sich. Du bist indessen weder dieser Schüler noch dieser Gatte, weder dieses Kind noch dieser

Greis. Du bist einer, der sich vollendet. Und wenn du dich als ein wiegender Zweig zu entdecken weißt, der fest mit dem Ölbaum verwachsen ist, wirst du in deinen Bewegungen die Ewigkeit kosten.

Die Stadt in der Wüste

Wenn sich die Menschen hassen, so höre nicht auf die törichte Aufzählung der Gründe, aus denen sie sich zu hassen glauben! Denn sie haben noch ganz andere Gründe als die, die sie anführen und an die sie nicht gedacht haben. Sie haben ebenso viele, um sich zu lieben.

Die Stadt in der Wüste

*W*er in meiner Kultur anders ist als ich, verletzt mich durchaus nicht, er bereichert mich.

Unsere Gemeinschaft, die mehr bedeutet als wir selbst, beruht auf dem Menschen.

Flug nach Arras

*L*eben heißt, langsam geboren werden. Es wäre auch zu bequem, wenn man sich bereits fertige Seelen besorgen könnte!

Flug nach Arras

Deshalb achte ich nicht des törichten Schwätzers, der dem Palmenbaum vorwirft, dass er keine Zeder ist, und der Zeder, dass sie kein Palmenbaum ist, und der derart, indem er die Rollen vertauscht, dem Chaos zustrebt. Und ich weiß wohl, dass der Schwätzer mit seiner unsinnigen Wissenschaft recht hat, denn außerhalb des Lebens würden sich Zeder und Palmenbaum vereinigen und sich als Staub ausbreiten. Doch das Leben widersetzt sich der Unordnung und dem natürlichen Gefälle. Aus dem Staube bringt es die Zeder hervor.

Die Stadt in der Wüste

Gewiss braucht der Mensch Mauern, um sich darin zu vergraben und Same zu werden. Er bedarf jedoch auch der großen Milchstraße und der Weite des Meeres, selbst wenn ihm die Gestirne und der Ozean im Augenblick nicht von Nutzen sind. Denn was heißt: von Nutzen sein? Und ich kenne manche, die in langem und beschwerlichem Anmarsch einen Berg ersteigen; die sich Knie und Hände aufschürfen und sich auf ihrem Aufstieg verausgaben, damit sie noch vor Anbruch der Morgendämmerung den Gipfel erreichen und an der Tiefe der blauen Ebene ihren Durst stillen können, so wie man das Wasser eines Sees begehrt, um daraus zu trinken. Und sobald sie oben angelangt sind, setzen sie sich nieder und blicken um sich und holen tief Atem. Und das Herz pocht ihnen fröhlich, und sie finden darin ein unfehlbares Mittel gegen allen Verdruss.

Und ich kenne andere, die das Meer suchen, wenn sie langsam mit ihren Karawanen dahinziehen, und denen das Meer ein Bedürfnis ist. Und sobald sie das Vorgebirge erreicht haben und jene Weite überblicken, die von einer dichten Stille erfüllt ist und die Schätze ihrer Algen und Korallen dem Auge verbirgt, atmen sie den kräftigen Salzgeruch und erstaunen über ein Schauspiel, das ihnen im Augenblick zu nichts dient, denn das Meer lässt sich nicht greifen. Auf diese Weise aber wird die Knechtschaft von ihren Herzen fortgewaschen, in der sie die kleinen Dinge gefangen hielten.

Die Stadt in der Wüste

Ordnung um der Ordnung willen beschneidet den Menschen seiner wesentlichen Kraft, der nämlich, die Welt und sich selber umzuformen.

Das Leben schafft Ordnung, aber die Ordnung bringt kein Leben hervor.

Bekenntnis einer Freundschaft

*D*as Heimweh ist die Sehnsucht nach etwas Unbestimmtem.

Frieden oder Krieg?

*A*llein das Absolute zählt, das aus dem Glauben, der Inbrunst oder der Sehnsucht hervorgeht. Denn es gibt nur eine Vorwärtsbewegung des Schiffes, aber jeder wirkt dabei mit, der einen Meißel schärft, die Planken des Verdecks mit schaumigem Wasser wäscht, auf den Mast klettert oder die Beschläge ölt. (...) Der eine wird Segel weben, der andere im Walde den Baum mit dem Blitzstrahl seiner Axt fällen. Wieder ein anderer wird Nägel schmieden, und irgendwo wird es Männer geben, die die Sterne beobachten, um das Steuern zu erlernen. Und doch werden sie alle eine Einheit bilden.

Denn ein Schiff erschaffen heißt nicht, die Segel hissen, die Nägel schmieden, die Sterne lesen, sondern die Freude am Meere wachrufen – die ein und dieselbe ist –, und wo sie herrscht, gibt es keine Gegensätze mehr, sondern nur Gemeinsamkeit in der Liebe.

Die Stadt in der Wüste

Das Geschenk des Lebens ist unschätzbar, und ich bin es mir schuldig, sein Licht in mir zu bewahren.

Die Stadt in der Wüste

Das, worauf es im Leben am meisten ankommt, können wir nicht voraussehen.

Wind, Sand und Sterne

Von der Sonne betreut, findet der Keim immer seinen Weg durch das Geröll des Bodens. Wenn keine Sonne ihn zu sich zieht, ertrinkt der reine Logiker immer in der verwirrenden Fülle der Probleme.

Flug nach Arras

Mein Freund hat seinen eigenen Gesichtspunkt. Ich muss ihn sprechen hören, von wo aus er spricht, denn darin besteht sein besonderes Reich und sein unerschöpflicher Vorrat. Er kann schweigen und mich immer noch glücklich machen. Ich betrachte dann die Welt auf seine Weise und sehe sie anders. Desgleichen erwarte ich von meinem Freund, dass er zunächst einmal wissen muss, von wo aus ich rede.

Die Stadt in der Wüste

Der Freund ist der Teil im Menschen, der für dich da ist und für dich eine Tür öffnet, die er vielleicht keinem anderen öffnen wird. (...) Über alles Trennende hinweg habe ich ihn gefunden und bin sein Freund. Und ich kann neben ihm schweigen, das heißt, ich brauche nichts für meine inneren Gärten und Berge und Schluchten und Wüsten zu befürchten, denn er wird nicht darin seine Schuhe ablaufen. (...) Die Freundschaft ist vor allem die Waffenruhe und der große Austausch des Geistes, der sich über alle Kleinigkeiten des Alltags hinwegsetzt.

Die Stadt in der Wüste

Der Friede stirbt, wenn die Ordnung in die Brüche geht, wenn man keinen Platz mehr hat auf der Welt.

Flug nach Arras

Nur der allein macht mir Sorge, der sich in einem eitlen Lichte verzehrt: der Dichter, der von Liebe zu den Gedichten erfüllt ist, aber nicht das seine schreibt; die Frau, die in die Liebe verliebt ist, aber nicht zu werden vermag, da sie nicht zu wählen weiß. Sie alle sind voller Angst, und ich weiß, dass ich sie von dieser Angst heilen könnte, wenn ich ihnen jene Gabe verschaffte, die Opfer und Wahl und Vergessen der Welt erfordert.

Die Stadt in der Wüste

Der Stein hat keine Hoffnung, etwas anderes zu sein als Stein, aber durch Zusammenwirken fügt sich einer zum andern und wird zum Tempel.

Die Stadt in der Wüste

Den Ablauf der Zeit empfinden die meisten Menschen für gewöhnlich gar nicht; sie sind von der Vergänglichkeit vorläufig auf freien Fuß gesetzt.

Wind, Sand und Sterne

Es gibt Wahrheiten, die offensichtlich sind und sich doch nicht aussprechen lassen.

Flug nach Arras

Der Wanderer, der seinen Berg in der Richtung eines Sternes überschreitet, läuft Gefahr zu vergessen, welcher Stern ihn führt, wenn er sich zu sehr von den Fragen des Anstiegs gefangen nehmen lässt.

Bekenntnis einer Freundschaft

Die Erde schenkt uns mehr Selbsterkenntnis als alle Bücher, weil sie uns Widerstand leistet.

Wind, Sand und Sterne

Und ich erkannte, worauf es ankommt: Vor allem gilt es das Schiff zu bauen und die Karawane zu rüsten und den Tempel zu errichten, der den Menschen überdauert. Und fortan siehst du sie sich in Freuden gegen etwas austauschen, was kostbarer ist als sie selbst. Und es entstehen die Maler, die Bildhauer, die Kupferstecher und Goldschmiede. Aber erwarte dir nichts vom Menschen, wenn er für sein eigenes Leben und nicht für die Ewigkeit arbeitet. Denn es ist dann ganz nutzlos, ihm die Baukunst und ihre Regeln beizubringen. Wem zuliebe sollten sie ihr Leben gegen ihr Haus austauschen, wenn sie sich ein Haus bauen, um darin zu leben? Da es doch nur ihrem Leben und nichts anderem dienen soll. Und sie nennen ihr Haus nützlich und betrachten es nicht um seiner selbst willen, sondern sehen allein auf seine Bequemlichkeit. Es nützt ihnen und sie bemühen sich, sich darin zu bereichern. Doch wenn sie sterben, sind sie von allem entblößt. Denn sie hinterlassen keine gestickten Gewänder oder priesterlichen Kleinodien, die in einem Schiff aus Stein geborgen sind. Es erging der Ruf an sie, sich auszutauschen, doch sie wollten bedient sein. Und wenn sie von hinnen gehen, bleibt nichts mehr zurück.

Die Stadt in der Wüste

Nicht der Abstand bestimmt die Entfernung. In der Enge unseres heimatlichen Gartens kann es mehr Verborgenes geben als hinter der Chinesischen Mauer.

Wind, Sand und Sterne

Die Sorge für einen Kranken, die Aufnahme eines Geächteten, selbst die Verzeihung haben ihren Wert nur von Gnaden des Lächelns, das die Feier erhöht. Wir vereinigen uns im Lächeln über allen Sprachen, Kasten, Parteien. Wir sind die Gläubigen ein und derselben Kirche, er mit seinen Bräuchen und ich mit den meinen.

Bekenntnis einer Freundschaft

*D*ie Liebe ist nichts anderes als die Erkenntnis der Götter.

Die Stadt in der Wüste

*L*eicht finden wir Freunde, die uns helfen; schwer verdienen wir uns jene, die unsre Hilfe brauchen.

Bekenntnis einer Freundschaft

*D*ie schönste Freude erlebt man immer da, wo man sie am wenigsten erwartet hat.

Wind, Sand und Sterne

rsinne dir nur kein Reich, in dem alles vollkommen ist! Denn der gute Geschmack ist eine Tugend von Museumswärtern. Und wenn du den schlechten Geschmack verachtest, wirst du weder Malerei noch Tanz, weder Paläste noch Gärten haben. Du wirst die Nase rümpfen, weil dich die schmutzige Erdarbeit abstößt. Du wirst all dessen beraubt sein durch die Leere deiner Vollkommenheit. Ersinne ein Reich, in dem schlechthin alles von Inbrunst erfüllt ist!

Die Stadt in der Wüste

*D*ie Sterne sind schön, weil sie an eine Blume erinnern, die man nicht sieht.

Der kleine Prinz

*W*enn eine Frau mir schön vorkommt, kann ich nicht über sie sprechen. Ich sehe sie ganz einfach lächeln. Die Intellektuellen zerlegen das Gesicht, um es aus seinen Teilen zu erklären, aber das Lächeln sehen sie nicht mehr.

Flug nach Arras

Es gibt nur eine wahrhafte Freude: den Umgang mit Menschen.

Wind, Sand und Sterne

Wir geben uns ein großartiges An-sehen, wir Menschen, aber heim-lich im Herzen kennen wir das Zögern, den Zweifel, den Kummer …

Bekenntnis einer Freundschaft

Du weißt doch, wenn man recht traurig ist, liebt man die Sonnenuntergänge …

Der kleine Prinz

*D*ie wirkliche Liebe beginnt, wo keine Gegengabe mehr erwartet wird.

Die Stadt in der Wüste

*E*ine plötzliche Erleuchtung scheint manchmal ein Schicksal anders zu wenden. Doch die Erleuchtung ist nichts anderes, als dass man im Geiste plötzlich einen sich langsam vorbereitenden Weg visionär erkennt.

Flug nach Arras

*I*n deiner Nähe habe ich mich nicht zu entschuldigen, nicht zu verteidigen, brauche ich nichts zu beweisen; ich finde den Frieden (…). Über meine ungeschickten Worte, über die Urteile hinweg, die mich irreführen können, siehst du in mir einfach den Menschen.

Bekenntnis einer Freundschaft

*E*s ist viel schwerer, sich selbst zu verurteilen, als über andere zu richten. Wenn es dir gelingt, über dich selbst gut zu Gericht zu sitzen, dann bist du ein wirklicher Weiser.

Der kleine Prinz

*E*s gibt eine höhere Wahrheit als die Aussagen des Verstandes. Etwas steckt in uns und lenkt uns, das ich hinnehmen muss, ohne es wahrzunehmen

Flug nach Arras

*F*ür uns, aufgewachsen im Kult der Ehrfurcht vor dem Menschen, wiegen die einfachen Begegnungen schwer, die sich manchmal in wunderbare Feste verwandeln …

Bekenntnis einer Freundschaft

Die Demut des Herzens verlangt nicht, dass du dich demütigen, sondern dass du dich öffnen sollst.

Die Stadt in der Wüste

Es gibt keine versäumten Gelegenheiten.

Die Stadt in der Wüste

Denn der Mensch meiner Kultur bestimmt sich nicht von den Individuen her. Die Individuen werden durch ihn bestimmt. In ihm wie in jedem Wesen ist etwas, das die Bausteine, die es zusammensetzen, nicht erklären. Ein Dom ist etwas ganz anderes als eine Summe von Steinen. Er ist Rechen- und Baukunst. Nicht die Steine bestimmen ihn, er bereichert die Steine durch seine eigene Sinngebung. Diese Steine sind dadurch geadelt, dass sie zu Steinen eines Domes werden. Die verschiedenartigsten Steine dienen seiner Einheit. Der Dom bezieht in sein Hohes Lied sogar die verzerrtesten Regenrinnen ein.

Flug nach Arras

Um die Welt von heute zu deuten, gebrauchen wir eine Sprache, die für die Welt von gestern geschaffen wurde. Darum scheint uns auch das Leben der Vergangenheit naturgemäßer zu sein, nur weil es unserer Sprache gemäßer ist.

Wind, Sand und Sterne

Es ist gut, einen Freund gehabt zu haben, selbst wenn man sterben muss.

Der kleine Prinz

Um der Liebe willen lohnt sich der Tod. Und einer, der langsam sein Leben gegen ein wohlgelungenes Werk, das das Leben überdauert, austauscht: gegen einen Tempel, dessen Weg durch die Jahrhunderte führt, – solch einer ist auch bereit zu sterben, wenn seine Augen den Palast in der Zusammenhanglosigkeit der Baustoffe zu gewahren vermögen; wenn er von seiner Pracht geblendet wird und in ihm aufgehen möchte. Denn hier empfängt ihn etwas, was größer ist als er selber: So gibt er sich seiner Liebe hin.

Die Stadt in der Wüste

*G*eld ist nur Schlacke und kann nichts schaffen, was das Leben lebenswert macht.

Wind, Sand und Sterne

*W*ie dringlich eine Handlung auch sein mag, wir dürfen nie vergessen, dass eine innere Berufenheit sie beherrschen muss, soll sie nicht unfruchtbar bleiben.

Bekenntnis einer Freundschaft

Wichtig ist, dass man sich auf ein Ziel hinbewegt, das sich vorläufig noch nicht zeigt. Dieses Ziel gilt nicht dem Verstand, sondern dem Geist.

Flug nach Arras

Gleichheit ist nur noch ein sinnloses Wort, wenn nichts vorhanden ist, worin sich diese Gleichheit knüpfen lässt.

Flug nach Arras

Ich liebe den Freund, der in den Versu-
chungen die Treue hält. Denn wenn es
keine Versuchung gäbe, gäbe es auch keine
Treue, und dann hätte ich keinen Freund.

Die Stadt in der Wüste

Wahrheiten kann man nicht durch
Beweisketten erschließen, man muss
sie erproben.

Wenn Orangenbäume in diesem Boden
und nicht in jenem gut anwurzeln und
reichlich Früchte tragen, dann ist dieser
Boden ihre Wahrheit.

Wind, Sand und Sterne

Nur eine unzureichende Sprache lässt die Menschen sich entzweien; ihre Wünsche sind voneinander nicht verschieden. Noch nie bin ich einem begegnet, der Unordnung oder Niedertracht oder Zerstörung gewünscht hätte. Vom einen Ende der Welt bis zum anderen gleicht sich das Bild, das ihnen vorschwebt und das sie erschaffen möchten; nur die Wege sind verschieden, auf denen sie es zu erreichen suchen. Der eine glaubt, die Freiheit werde den Menschen sich entfalten lassen, der andere, der Zwang werde ihn groß machen, und beide wünschen sie seine Größe. Der eine glaubt, die Liebe werde die Menschen zusammenführen, der andere verachtet die Güte, die nur Achtung vor dem Geschwür ist, und zwingt sie, einen Turm zu bauen, damit sich einer im andern begründe. Und beide arbeiten sie für die Liebe. Der eine glaubt, der Wohlstand bewältige alle Probleme, denn der Mensch, der all seiner Bürden ledig sei, werde die Zeit finden, sein Herz, seine Seele und seinen Verstand zu pflegen. Der andere aber glaubt, der Wert ihres Herzens, ihres Verstandes und ihrer Seele beruhe nicht auf den Speisen, die man den Menschen reicht, und nicht auf den Erleichterungen, die man ihnen vergönnt, sondern auf den Opfern, die man von ihnen verlangt. Er glaubt, dass allein jene Tempel schön seien, die auf Gottes Geheiß entstehen und ihm zur Tilgung einer Schuld übergeben werden. Alle beide wünschen sie jedoch die Seele, den Verstand und das Herz zu verschönen. Und beide sind sie im Recht, denn wer gedeiht in der Versklavung, unter dem Druck einer grausamen und vertierenden Arbeit? Wer aber gedeiht in Zügellosigkeit, in Achtung vor Fäulnis und sinnloser Arbeit, die nur noch einen Zeitvertreib für Müßige darstellt?

Die Stadt in der Wüste

In Ermangelung zwingender Evidenz nehmen die politischen Religionen ihre Zuflucht zur Gewalt. Und während wir uns so über die Methoden streiten, laufen wir Gefahr, nicht mehr zu erkennen, dass wir auf dem Weg zum gleichen Ziele sind.

Bekenntnis einer Freundschaft

*K*eine Begebenheit erweckt in uns keinen Fremdling, von dem wir nichts geahnt hätten.

Flug nach Arras

*E*s ist nicht an uns, die geistige Flamme jenen zu bringen, die sie schon mit dem Wachs ihrer eigenen Substanz nähren.

Bekenntnis einer Freundschaft

Wenn die Ehrfurcht vor dem Menschen in den Herzen der Menschen wurzelt, werden die Menschen einmal so weit kommen, ihrerseits wieder das soziale, politische oder ökonomische System zu begründen, das diese Ehrfurcht für immer gewährleistet.

Bekenntnis einer Freundschaft

Keiner von uns besitzt das Monopol auf die Reinheit der Absichten. Ich kann im Namen meines Weges den Weg bekämpfen, den ein anderer gewählt hat. Ich kann die Schritte seines Verstandes kritisieren, das Verfahren des Verstandes ist unsicher. Aber ich muss auf der Ebene des Geistes den Mann achten, der nach dem gleichen Stern strebt.

Bekenntnis einer Freundschaft

Das Leben verträgt keine Winkelzüge. Man täuscht nicht den Baum; man lässt ihn so wachsen, wie man ihn biegt. Der Rest ist nur Wind der Worte. Und wenn ich vorgebe, ich opferte meine Generation für das Glück der kommenden Generationen, so opfere ich die Menschen. Nicht diese hier oder andere, sondern alle. Ich schließe sie schlechthin alle ins Unglück ein. Der Rest ist nur Wind der Worte.

Die Stadt in der Wüste

Man muss dem Leben der Menschen einen Sinn geben.

Frieden oder Krieg?

Körperliches Geschehen berührt uns nur, wenn man uns seinen geistigen Hintergrund zu deuten vermag.

Wind, Sand und Sterne

Wenn deine Liebe nicht hoffen kann, Gehör zu finden, sollst du sie verschweigen. Sie kann in dir reifen, wenn Schweigen herrscht. Denn sie schafft eine Richtung in der Welt, und jede Richtung lässt dich größer werden, die es dir erlaubt, dich zu nähern, dich zu entfernen, einzutreten, hinauszugehen, zu finden, zu verlieren. Denn du bist einer, der leben muss.

(...) Wenn deine Liebe kein Gehör findet, sondern zu einem vergeblichen Flehen wird, wie wenn du einen Lohn für deine Treue erbittest und du nicht die Seelenstärke aufbringst zu schweigen, so lass dich heilen, wenn es einen Arzt gibt. Denn man darf die Liebe nicht mit der Knechtschaft des Herzens verwechseln. Liebe, die betet, ist schön, aber Liebe, die fleht, ist Lakaienliebe.

Die Stadt in der Wüste

Der Grund um zu lieben ist die Liebe selber.

Die Stadt in der Wüste

Man muss sich lange eines Freundes annehmen, ehe er nach der Freundschaft verlangt, die man ihm schuldet. Man muss sich durch Generationen damit zugrunde gerichtet haben, das alte, baufällige Schloss zu retten, um es lieben zu lernen.

Bekenntnis einer Freundschaft

Damit eine Handlung mit innerer Überzeugung geschieht, muss ihr Sinn offenbar werden.

Flug nach Arras

Das Wesentliche ist, dass das, wovon man gelebt hat, irgendwo weiterbesteht.

Und die Gewohnheiten. Und das Familienfest. Und das Haus der Erinnerungen.

Das Wesentliche ist, dass man für die Rückkehr lebt.

Bekenntnis einer Freundschaft

Mensch sein heißt Verantwortung fühlen: Sich schämen beim Anblick einer Not, auch wenn man offenbar keine Mitschuld an ihr hat.

Wind, Sand und Sterne

*D*ie Augen sind blind. Man muss mit dem Herzen suchen.

Der kleine Prinz

*I*ch muss wohl zwei oder drei Raupen aushalten, wenn ich die Schmetterlinge kennenlernen will.

Der kleine Prinz

*D*ie Erfahrung lehrt uns, dass Liebe nicht darin besteht, dass man einander ansieht, sondern dass man gemeinsam in gleicher Richtung blickt.

Wind, Sand und Sterne

Nur das Unbekannte ängstigt die Menschen. Sobald man ihm die Stirn bietet, ist es schon kein Unbekanntes mehr, besonders wenn man es mit hellsichtigem Ernst beobachtet.

Wind, Sand und Sterne

*U*m klar zu sehen, genügt ein Wechsel der Blickrichtung.

Die Stadt in der Wüste

*W*enn ich mich an irgendeine Partei leidenschaft verliere, laufe ich Gefahr zu vergessen, dass die Politik nur dann einen Sinn hat, wenn sie im Dienst einer geistigen Gewissheit steht.

Bekenntnis einer Freundschaft

Ich bringe euch den Sinn des Festes, der in Vergessenheit geraten ist. Das Fest ist Vorbereitung zum Feste, das Fest ist Berggipfel nach dem Aufstieg (...), das Fest ist die erste Mahlzeit des Kranken am ersten Tage seiner Genesung, das Fest ist Verheißung der Liebe, wenn die Geliebte die Augen senkt, da du zu ihr sprichst.

Die Stadt in der Wüste

Ich glaube nicht, dass es genügt, Kinder mit Konzerten und Gedichten und Reden zu füttern, um sie an der Seligkeit und der großen Trunkenheit der Liebe teilhaben zu lassen. Denn der Mensch ist gewiss für die Liebe geboren, aber auch für das Leid. Und für die Langeweile. Und für die Verdrießlichkeit und für schlechte Laune, gleich einem Regenhimmel. Und auch jene, die ein Gedicht zu genießen verstehen, erfüllt nur die Freude am Gedicht, denn sonst würden sie sich niemals traurig zeigen. Sie würden sich in das Gedicht einschließen und jubilieren. Und die Menschheit würde sich in das Gedicht einschließen und jubilieren, ohne etwas Neues hervorzubringen. Aber der Mensch ist so beschaffen, dass ihn nur das erfreut, was er gestaltet. Und damit er das

Gedicht genießen kann, muss er zunächst den Aufstieg des Gedichtes bezwingen. Doch ebenso wie sich die Landschaft, die sich von den Gipfeln der Berge aus erschließt, schnell abnutzt im Herzen; wie sie nur dann Sinn erhält, wenn sie sich aus der Erschöpfung aufbaut und auf einer bestimmten Verfassung der Muskeln beruht; wie dich die gleiche Landschaft bald wieder gähnen macht und dir nichts mehr zu bieten hat, wenn du ausgeruht und marschlustig bist, so verhält es sich auch mit dem Gedicht, das aus deiner Anstrengung hervorging. Denn selbst das Gedicht eines anderen ist nur die Frucht deiner Anstrengung, deines inneren Aufstiegs, und die Speicher bilden nur Sesshafte heran, denen kein menschlicher Wert innewohnt. Ich kann nicht über die Liebe wie über einen Vorrat verfügen: Sie ist vor allem Betätigung meines Herzens. Und es wundert mich nicht, dass so viele nichts vom Landgut, vom Gedicht oder von der Musik verstehen und davorsitzen und sagen: »Was ist denn schon darin enthalten? Nur ein Allerlei mehr oder minder kostbarer Dinge. Nichts, das verdiente, mich zu beherrschen!« Sie sind vernünftig, wie sie sagen; sie sind Skeptiker und erfüllt von jener Ironie, die nicht dem Menschen, sondern dem Taugenichts eigen ist. Denn die Liebe wird dir nicht als Geschenk gegeben von dem Gesicht, das dir begegnet, und ebenso entsteht deine Heiterkeit nicht durch die Landschaft, sondern durch den Aufstieg, den du überwunden hast. Durch den Berg, den du bezwungen hast. Durch dein Fußfassen im Himmel.

Die Stadt in der Wüste

Wenn man eine Eiche pflanzt, darf man nicht die Hoffnung hegen, nächstens in ihrem Schatten zu ruhen.

Wind, Sand und Sterne

Es macht die Wüste schön«, sagte der kleine Prinz, »dass sie irgendwo einen Brunnen birgt …«

Der kleine Prinz

*D*ie Bausteine sind nur scheinbar ein wirrer Haufen, wenn mitten auf der Baustelle ein Mensch, nur ein einziger Mensch da ist, der an eine Kathedrale denkt.

Flug nach Arras

*E*rschaffen bedeutet, dass du den anderen in eine Lage versetzt, von der aus er die Welt sieht, wie du es wünschst, nicht aber, dass du ihm eine neue Welt anbietest.

Die Stadt in der Wüste

Ich kann nicht voraussehen, aber ich kann zu etwas den Grund legen. Denn die Zukunft baut man. Wenn ich die Zusammenhanglosigkeit meiner Zeit in einem einzigen Gesicht zusammenfassen kann, wenn mir die begnadeten Hände des Bildhauers eignen, wird mein Verlangen Wirklichkeit werden. Und ich würde mich täuschen, wenn ich dann sagte, ich hätte vorausgesehen. Denn ich hätte etwas begründet. In der Zusammenhanglosigkeit ringsumher hätte ich ein Gesicht gewiesen, und ich hätte ihm Geltung erzwungen und es wird die Menschen beherrschen: wie Haus und Hof, die zuweilen sogar das Opfer ihres Blutes fordern.

So offenbarte sich mir eine neue Wahrheit, die lautet: Es ist sinnlos und trügerisch, sich mit der Zukunft zu befassen. Hingegen kommt es allein darauf an, der heutigen Welt Ausdruck zu verleihen. Und Ausdruck verleihen bedeutet, aus der zusammenhanglosen Gegenwart das eine Gesicht zu formen, das sie beherrscht; es bedeutet, mithilfe der Steine die Stille zu erschaffen. Und alles andere Vorhaben ist nur Wind der Worte.

Die Stadt in der Wüste

Sicherlich gibt es untätige Menschen, aber die Untätigkeit ist eine abgeschwächte Form der Verzweiflung.

Flug nach Arras

*I*ch kann einwirken auf das, an dem ich teilhabe. Ich bin ein wesentlicher Bestandteil der menschlichen Gemeinschaft.

Flug nach Arras

*W*enn du eine Blume liebst, die auf einem Stern wohnt, so ist es schön, bei Nacht den Himmel zu betrachten. Alle Sterne sind voll Blumen.

Der kleine Prinz

Denn mit der Kultur verhält es sich wie mit dem Korn. Das Korn nährt den Menschen, aber der Mensch seinerseits bewahrt das Korn und speichert das Saatgut. Von Korngeneration zu Korngeneration wird das Saatgut als ein Erbe geachtet.

Es genügt mir nicht, zu wissen, welches Korn ich aufgehen lassen möchte. Wenn ich einen Menschentyp – und seine inneren Fähigkeiten – retten will, muss ich auch die Prinzipien retten, die ihn formen.

Flug nach Arras

Der Friede ist ein Baum, der eines langen Wachstums bedarf. Gleich der Zeder müssen wir noch vieles Gestein aufsaugen, um ihm seine Einheit zu schaffen … Den Frieden bauen heißt, den Stall weit genug bauen, damit die ganze Herde darin schlafe. Es heißt, den Palast weit genug bauen, damit sich alle Menschen in ihm vereinen können, ohne etwas von ihrem Gepäck preiszugeben. Es geht nicht darum, sie zu verstümmeln, damit sie darin Platz haben. Den Frieden bauen heißt, von Gott erlangen, dass er seinen Hirtenmantel herleiht, damit er die Menschen in der ganzen Weite ihrer Wünsche umfange. Genauso wie die Mutter, die ihre Söhne liebt. Auch den, der schüchtern und zart ist. Und den anderen, der vor Lebenslust glüht. Und den, der

vielleicht bucklig und schwächlich und un-
willkommen ist. Aber sie alle in ihrer Verschiedenheit bewegen sein Herz. Und alle
in der Verschiedenheit ihrer Liebe dienen
seiner Herrlichkeit. Aber der Friede ist ein
Baum, der sich nur langsam aufbaut.

Die Stadt in der Wüste

In Kulturen rund um den Globus spielt der Kranich eine positive Rolle, er begegnet uns in Märchen ebenso wie in Gedichten und Romanen und bildlichen Darstellungen. Schon im antiken Griechenland galt er als Symbol des Glücks, der Klugheit und der Wachsamkeit, und bis heute wird er in China und Japan auch als Symbol der Langlebigkeit verehrt. Gefaltete Origami-Kraniche überreicht man in Japan zu besonderen Anlässen, und der Balztanz der schönen Vögel hat dort wie auch in Korea zu kultischen Kranichtänzen angeregt.

© S. Cons N. EX.

Antoine de Saint-Exupéry, geboren am 29. Juni 1900, begeisterte sich schon als Kind für die Fliegerei. Nach dem Abitur leistete er seinen Militärdienst in einem Flieger-regiment ab. Im Jahr 1931 wurde er Streckenpilot in Westafrika, 1934 bekam er eine Anstellung bei der neu gegründeten Air France. Seine Erfahrungen dieser Jahre spiegeln sich In den Werken *Südkurier* und *Nachtflug* wider.

Im Jahr 1935 stürzte Saint-Exupéry über der ägyptischen Wüste ab – eine Episode, die in *Wind, Sand und Sterne* erwähnt wird und die großen Einfluss auf die Entstehung des *Kleinen Prinzen* hatte.

Im Zweiten Weltkrieg emigrierte Saint-Exupéry in die USA; hier schrieb er *Flug nach Arras*, den unter dem Titel *Bekenntnis einer Freundschaft* veröffentlichten Brief an den Freund Léon Werth und schließlich *Der kleine Prinz*. Als die Alliierten 1942 in Nordafrika landeten, schloss er sich der französischen Armee in Algerien an. Am 31. Juli 1944 startete sein Fernaufklärer von der Insel Korsika zu einem letzten Flug. Er kehrte nicht zurück.

Antoine de Saint-Exupéry hat einer weltweiten Leser-schaft die Botschaft vermittelt, andere Menschen zu respek-tieren und sich daran zu erinnern, dass »Mensch sein heißt, Verantwortung zu fühlen«.

Die Zitate von Antoine de Saint-Exupéry stammen aus folgenden im Karl Rauch Verlag erschienenen Bänden:

Die Stadt in der Wüste, übersetzt von Oswalt von Nostitz
Düsseldorf 1956 und 2009

Der kleine Prinz, übersetzt von Grete und Josef Leitgeb
Düsseldorf 1950 und 2014

Wind, Sand und Sterne, übersetzt von Henrik Becker
Düsseldorf 1939 und 2010

Flug nach Arras, übersetzt von Fritz Montfort
Düsseldorf 1955 und 2011

Südkurier, übersetzt von Paul Graf von Thun-Hohenstein
Düsseldorf 1956 und 2011

Bekenntnis einer Freundschaft, übersetzt von Josef Leitgeb
Düsseldorf 1955 und 2010

Carnets, übersetzt von Oswalt von Nostitz
Düsseldorf 1958 und 2015

Frieden oder Krieg?, übersetzt von Oswalt von Nostitz
Düsseldorf 1957 und 2015

Briefe an die Mutter, übersetzt von Oswalt von Nostitz
und Annette Lallemand, Düsseldorf 1959 und 2012

Blutendes Spanien, übersetzt von Oswalt von Nostitz
Düsseldorf 1959 und 2015

Romane, Briefe, Dokumente, Düsseldorf 1966 und 2015

Bibliografische Information der Deutschen
Nationalbibliothek
Die Deutsche Nationalbibliothek verzeichnet diese
Publikation in der Deutschen Nationalbibliografie;
detaillierte bibliografische Daten sind im Internet
über http://dnb.de abrufbar.

2. Auflage 2019
© 2019 Karl Rauch Verlag GmbH & Co. KG, Düsseldorf
Covergestaltung, Layout und Satz von Sebastian Maiwind
Fotografien S. 11, 36, 48/49, 75, 88/89, 101 © Ralf Ottmann;
S. 4, 62 © Frank Derer, S. 24/25 © Sebastian Maiwind und
S. 108 WikiCommons.
Gedruckt auf chlor- und säurefreiem Papier
und gebunden bei Finidr in Český Těšín.
Alle Rechte vorbehalten
ISBN: 978-3-7920-0075-5

www.karl-rauch-verlag.de